華嚴經淨行品

爾時智首菩薩問文殊師利菩薩言。佛子。（一十三業）菩薩云何
得無過失身語意業。云何得不害身語意業。云何得
不可毀身語意業。云何得不壞身語意業。云何得不
退轉身語意業。云何得不可動身語意業。云何得殊
勝身語意業。云何得清淨身語意業。云何得無染身
語意業。云何得智爲先導身語意業。（二十具足）云何得生處具
足。種族具足。家具足。色具足。相具足。念具足。慧具足。
行具足。無畏具足。覺悟具足。（三十慧）云何得勝慧。第一慧。最
上慧。最勝慧。無量慧。無數慧。不思議慧。無與等慧。不

可量慧。不可說慧。（四十力）云何得因力。欲力。方便力。緣力。所
緣力。根力。觀察力。奢摩他力。毗鉢舍那力。思維力。（五十）云
（善巧）何得蘊善巧。界善巧。處善巧。緣起善巧。欲界善巧。色
界善巧。無色界善巧。過去善巧。未來善巧。現在善巧。
（六七覺三定）云何善修習念覺分。擇法覺分。精進覺分。喜覺分。猗
覺分。定覺分。捨覺分。空無相無願。（七十六度四梵）云何得圓滿檀波
羅蜜。尸波羅蜜。羼提波羅蜜。毗黎耶波羅蜜。禪那波
羅蜜。般若波羅蜜。及以圓滿慈悲喜捨。（八十智力）云何得處非
處智力。過未現在業報智力。根勝劣智力。種種界智
力。種種解智力。一切至處道智力。禪解脫三昧染淨

智力宿住念智力無障礙天眼智力斷諸習智力。云九十
護何常得天王龍王夜叉王乾闥婆王阿修羅王迦樓
羅王緊那羅王摩睺羅伽王人王梵王之所守護恭
敬供養。十十度生及十超衆云何得與一切衆生爲依爲救爲歸爲趣爲
炬爲明爲照爲導爲勝導爲普導。云何於一切衆生
中爲第一爲大爲勝爲最勝爲妙爲極妙爲上爲無
上爲無等爲無等等。爾時文殊師利菩薩告智首菩
薩言善哉佛子爾今爲欲多所饒益多所安隱哀愍
世間利樂天人問如是義佛子若諸菩薩善用其心十問一答
則獲一切勝妙功德於諸佛法心無所礙住去來今

諸佛之道隨衆生住恆不捨離如諸法相悉能通達
斷一切惡具足衆善當如普賢色像第一一切行願
皆得具足於一切法無不自在而爲衆生第二導師
佛子云何用心能獲一切勝妙功德佛子

菩薩在家　當願衆生　知家性空　免其逼迫
孝事父母　當願衆生　善事於佛　護養一切
妻子集會　當願衆生　冤親平等　永離貪著
若得五欲　當願衆生　拔除欲箭　究竟安隱
妓樂聚會　當願衆生　以法自娛　了妓非實
若在宮室　當願衆生　入於聖地　永除穢欲

著瓔珞時　當願眾生　捨諸僞飾　到眞實處。
上昇樓閣　當願眾生　昇正法樓　徹見一切。
若有所施　當願眾生　一切能捨　心無愛著。
眾會聚集　當願眾生　捨眾聚法　成一切智。
若在厄難　當願眾生　隨意自在　所行無碍。
捨居家時　當願眾生　出家無碍　心得解脫。
入僧伽藍　當願眾生　演說種種　無乖諍法。
詣大小師　當願眾生　巧事師長　習行善法。
求請出家　當願眾生　得不退法　心無障碍。
脫去俗服　當願眾生　勤修善根　捨諸罪軛。

剃除鬚髮　當願眾生　永離煩惱　究竟寂滅。
著袈裟衣　當願眾生　心無所染　具大仙道。
正出家時　當願眾生　同佛出家　救護一切。
自歸依佛　當願眾生　紹隆佛種　發無上意。
自歸依法　當願眾生　深入經藏　智慧如海。
自歸依僧　當願眾生　統理大眾　一切無礙。
受學戒時　當願眾生　善學於戒　不作眾惡。
受闍梨教　當願眾生　具足威儀　所作眞實。
受和尚教　當願眾生　入無生智　到無依處。
受具足戒　當願眾生　具諸方便　得最勝法。

若入堂宇　當願眾生　昇無上堂　安住不動。
若敷床座　當願眾生　開敷善法　見眞實相。
正身端座　當願眾生　坐菩提座　心無所著。
結跏趺座　當願眾生　善根堅固　得不動地。
修行於定　當願眾生　以定伏心　究竟無餘。
若修於觀　當願眾生　見如實理　永無乖諍。
捨跏趺坐　當願眾生　觀諸行法　悉歸散滅。
下足住時　當願眾生　心得解脫　安住不動。
若舉於足　當願眾生　出生死海　具眾善法。
著下裙時　當願眾生　服諸善根　具足慚愧。

整衣束帶　當願眾生　檢束善根　不令散失。
若著上衣　當願眾生　獲勝善根　至法彼岸。
著僧伽黎　當願眾生　入第一位　得不動法。
手執楊枝　當願眾生　皆得妙法　究竟清淨。
嚼楊枝時　當願眾生　其心調淨　噬諸煩惱。
大小便時　當願眾生　棄貪瞋癡　蠲除罪法。
事訖就水　當願眾生　出世法中　速疾而往。
洗滌形穢　當願眾生　清淨調柔　畢竟無垢。
以水盥掌　當願眾生　得清淨手　受持佛法。
以水洗面　當願眾生　得淨法門　永無垢染。

手執錫杖　當願衆生　設大施會　示如實道。
執持應器　當願衆生　成就法器　受天人供。
發趾向道　當願衆生　趣佛所行　入無依處。
若在於道　當願衆生　能行佛道　向無餘法。
涉路而去　當願衆生　履淨法界　心無障礙。
見昇高路　當願衆生　永出三界　心無怯弱。
見趣下路　當願衆生　其心謙下　長佛善根。
見斜曲路　當願衆生　捨不正道　永除惡見。
若見直路　當願衆生　其心正直　無諂無誑。
見路多塵　當願衆生　遠離塵坌　護清淨法。

見路無塵　當願衆生　常行大悲　其心潤澤。
若見險道　當願衆生　住正法界　離諸罪難。
若見衆會　當願衆生　說甚深法　一切和合。
若見大柱　當願衆生　離我諍心　無有忿恨。
若見叢林　當願衆生　諸天及人　所應敬禮。
若見高山　當願衆生　善根超出　無能至頂。
見棘刺樹　當願衆生　疾得翦除　三毒之刺。
見樹葉茂　當願衆生　以定解脫　而爲蔭映。
若見華開　當願衆生　神通等法　如華開敷。
若見樹華　當願衆生　衆相如華　具三十二。

若見果實　當願衆生　獲最勝法　證菩提道。
若見大河　當願衆生　得預法流　入佛智海
若見陂澤　當願衆生　疾悟諸佛　一味之法。
若見池沼　當願衆生　語業滿足　巧能演說。
若見汲井　當願衆生　具足辯才　演一切法。
若見湧泉　當願衆生　方便增長　善根無盡。
若見橋道　當願衆生　廣度一切　猶如橋梁。
若見流水　當願衆生　得善意欲　洗除惑垢。
見修園圃　當願衆生　五欲圃中　耘除愛草。
見無憂林　當願衆生　永離貪愛　不生憂怖。

若見園苑　當願衆生　勤修諸行　趣佛菩提。
見嚴飾人　當願衆生　三十二相　以爲嚴好。
見無嚴飾　當願衆生　捨諸飾好　具頭陀行。
見樂著人　當願衆生　以法自娛　歡愛不捨。
見無樂著　當願衆生　有爲事中　心無所樂。
見歡樂人　當願衆生　常得安樂　樂供養佛。
見苦惱人　當願衆生　獲根本智　滅除衆苦。
見無病人　當願衆生　入眞實慧　永無病惱。
見疾病人　當願衆生　知身空寂　離乖諍法。
見端正人　當願衆生　於佛菩薩　常生淨信。

見醜陋人　當願衆生　於不善事　不生樂著。
見報恩人　當願衆生　於佛菩薩　能知恩德。
見背恩人　當願衆生　於有惡人　不加其報。
若見沙門　當願衆生　調柔寂靜　畢竟第一。
見婆羅門　當願衆生　永持梵行　離一切惡。
見苦行人　當願衆生　依於苦行　至究竟處。
見操行人　當願衆生　堅持志行　不捨佛道。
見著甲冑　當願衆生　常服善鎧　趣無師法。
見無鎧仗　當願衆生　永離一切　不善之業。
見論議人　當願衆生　於諸異論　悉能摧伏。

見正命人　當願衆生　得清淨命　不矯威儀。
若見於王　當願衆生　得爲法王　恆轉正法。
若見王子　當願衆生　從法化生　而爲佛子。
若見長者　當願衆生　善能明斷　不行惡法。
若見大臣　當願衆生　恆守正念　習行衆善。
若見城郭　當願衆生　得堅固身　心無所屈。
若見王都　當願衆生　功德共聚　心恆喜樂。
見處林藪　當願衆生　應爲天人　之所歎仰。
入里乞食　當願衆生　入深法界　心無障礙。
到人門戶　當願衆生　入於一切　佛法之門。

入其家已　當願衆生　得入佛乘　三世平等。
見不捨人　當願衆生　常不捨離　勝功德法。
見能捨人　當願衆生　永得捨離　三惡道苦。
若見空鉢　當願衆生　其心清淨　空無煩惱。
若見滿鉢　當願衆生　具足成滿　一切善法。
若得恭敬　當願衆生　恭敬修行　一切佛法。
不得恭敬　當願衆生　不行一切　不善之法。
見慚恥人　當願衆生　具慚恥行　藏護諸根。
見無慚恥　當願衆生　捨離無慚　住大慈道。
若得美食　當願衆生　滿足其願　心無羨欲。
得不美食　當願衆生　莫不獲得　諸三昧味。
得柔輭食　當願衆生　大悲所熏　心意柔輭。
得麤澀食　當願衆生　心無染著　絕世貪愛。
若飯食時　當願衆生　禪悅爲食　法喜充滿。
若受味時　當願衆生　得佛上味　甘露滿足。
飲食已訖　當願衆生　所作皆辦　具諸佛法。
若說法時　當願衆生　得無盡辯　廣宣法要。
從舍出時　當願衆生　深入佛智　永出三界。
若入水時　當願衆生　入一切智　知三世等。
洗浴身體　當願衆生　身心無垢　內外光潔。

盛暑炎毒　當願衆生　捨離衆惱　一切皆盡

暑退涼初　當願衆生　證無上法　究竟清涼

諷誦經時　當願衆生　順佛所說　總持不忘

若得見佛　當願衆生　得無礙眼　見一切佛

諦觀佛時　當願衆生　皆如普賢　端正嚴好

見佛塔時　當願衆生　尊重如塔　受天人供

敬心觀塔　當願衆生　諸天及人　所共瞻仰

頂禮於塔　當願衆生　一切天人　無能見頂

右繞於塔　當願衆生　所行無逆　成一切智

繞塔三帀　當願衆生　勤求佛道　心無懈歇

讚佛功德　當願衆生　衆德悉具　稱歎無盡

讚佛相好　當願衆生　成就佛身　證無相法

若洗足時　當願衆生　具足神力　所行無礙

以時寢息　當願衆生　自得安隱　心無動亂

睡眠始寤　當願衆生　一切智覺　周顧十方

佛子若諸菩薩如是用心。則獲一切勝妙功德。一切世間諸天魔梵沙門婆羅門乾闥婆阿修羅等及以一切聲聞緣覺所不能動。

華嚴經梵行品

爾時正念天子白法慧菩薩言佛子一切世界諸菩薩衆依如來教染衣出家云何而得梵行清淨從菩薩位逮於無上菩提之道法慧菩薩言佛子菩薩摩訶薩修梵行時應以十法而爲所緣作意觀察所謂身身業語語業意意業佛法僧戒應如是觀爲身是梵行耶乃至戒是梵行耶若身是梵行者當知梵行則爲非善則爲非法則爲渾濁則爲臭惡則爲不淨則爲可厭則爲違逆則爲雜染則爲死屍則爲蟲聚若身業是梵行者梵行則是行住坐臥左右顧視屈伸俯仰若語是梵行者梵行則是音聲風息脣舌喉吻吐納抑縱高低清濁若語業是梵行者梵行則是起居問訊略說廣說喻說直說讚說毀說安立說隨俗說顯了說若意是梵行者梵行則應是覺是觀是分別是種種分別是憶念是種種憶念是思惟是種種思惟是幻術是眠夢若意業是梵行者當知梵行則是思想寒熱飢渴苦樂憂喜若佛是梵行者爲色是佛耶受是佛耶想是佛耶行是佛耶識是佛耶爲相是佛耶好是佛耶神通是佛耶業行是佛耶果報是佛耶若法是梵行者爲寂滅是法耶涅槃是佛耶

不生是法耶。不起是法耶。不可說是法耶。無分別是法耶。無所行是法耶。不合集是法耶。不隨順是法耶。無所得是法耶。若僧是梵行者。爲預流向是僧耶。預流果是僧耶。一來向是僧耶。一來果是僧耶。不還向是僧耶。不還果是僧耶。阿羅漢向是僧耶。阿羅漢果是僧耶。三明是僧耶。六通是僧耶。若戒是梵行者。爲壇場是戒耶。問清淨是戒耶。教威儀是戒耶。三說羯磨是戒耶。和尚是戒耶。阿闍黎是戒耶。剃髮是戒耶。著袈裟衣是戒耶。乞食是戒耶。正命是戒耶。如是觀已。於身無所取。於修無所著。於法無所住。過去已滅。

未來未至。現在空寂。無作業者。無受報者。此世不移動。彼世不改變。此中何法名爲梵行。梵行從何處來。誰之所有。體爲是誰。由誰而作。爲是有。爲是無。爲是色。爲非色。爲是受。爲非受。爲是想。爲非想。爲是行。爲非行。爲是識。爲非識。如是觀察。梵行法不可得故。三世法皆寂滅故。意無取著故。心無障礙故。所行無二故。方便自在故。受無相法故。觀無相法故。知佛法平等故。具一切佛法故。如是名爲清淨梵行。復應修習十種法。何者爲十。所謂處非處智。過現未來業報智。諸禪解脫三昧智。諸根勝劣智。種種解智。種種界智。

一切至處道智。天眼無礙智。宿命無礙智。永斷習氣智。於如來十力。一一觀察。一一力中有無量義。悉應諮問。聞已應起大慈悲心。觀察衆生而不捨離。思維諸法無有休息。行無上業。不求果報。了知境界如幻如夢如影如響亦如變化。若諸菩薩能與如是觀行相應。於諸法中不生二解。一切佛法疾得現前。初發心時卽得阿耨多羅三藐三菩提。知一切法卽心自性。成就慧身。不由他悟。

華嚴經十忍品

爾時普賢菩薩告諸菩薩言。佛子。菩薩摩訶薩有十種忍。若得此忍則得到於一切菩薩無礙忍地。一切佛法無礙無盡。何者爲十。所謂音聲忍。順忍。無生法忍。如幻忍。如燄忍。如夢忍。如響忍。如影忍。如化忍。如空忍。此十種忍三世諸佛已說今說當說。佛子。云何爲菩薩摩訶薩音聲忍。謂聞諸佛所說之法不驚不怖不畏。深信悟解。愛樂趣向。專心憶念修習安住。是名菩薩摩訶薩第一音聲忍。佛子。云何爲菩薩摩訶薩順忍。謂於諸法思惟觀察平等無違。隨順了知令心清淨。正住修習。趣入成就。是名菩薩摩訶薩第二順忍。佛子。云何爲菩薩摩訶薩無生法忍。佛子。此菩薩摩訶薩不見有少法生。亦不見有少法滅。何以故。若無生則無滅。若無滅則無盡。若無盡則離垢。若離垢則無差別。若無差別則無處所。若無處所則寂靜。若寂靜則離欲。若離欲則無作。若無作則無願。若無願則無住。若無住則無去無來。是名菩薩摩訶薩第三無生法忍。佛子。云何爲菩薩摩訶薩如幻忍。佛子。此菩薩摩訶薩知一切法皆悉如幻。從因緣起。於一法中解多法。於多法中解一法。此菩薩知諸法如幻已了達國土了達眾生了達法界了達世間平等了達佛出現平等了達三世平等成就種種神通變化。譬如幻。非象非馬非車非步非男非女非童男非童女非樹非葉非華非果非地非水非火非風非晝非夜非日非月非半月非一月非一年非百年非一劫非多劫非定非亂非純非雜非一非異非廣非狹非多非少非量非無量非麤非細非是一切種種眾物。種種非幻幻非種種然由幻故示現種種差別之事。菩薩摩訶薩亦復如是觀一切世間如幻所謂業世間煩惱世間國土世間法世間時世間趣世間成世

間壞世間運動世間造作世間。菩薩摩訶薩觀一切世間如幻時不見眾生生不見眾生滅不見國土生不見國土滅不見諸法生不見諸法滅不見過去可分別不見未來有起作不見現在一念住不觀察菩提不分別菩提不見佛出現不見佛涅槃不見住大願不見入正位不出平等性是菩薩雖成就佛國土知國土無差別雖成就眾生界知眾生無差別雖普觀法界而安住法性寂然不動雖達三世平等而不違分別三世法雖成就蘊處而永斷所依雖度脫眾生而了知法界平等無種種差別雖知一切法遠離

文字不可言說而常說法辯才無盡雖不取著化衆生事而不捨大悲爲度一切轉於法輪雖爲開示過去因緣而知因緣性無有動轉。是名菩薩摩訶薩第四如幻忍。佛子。云何爲菩薩摩訶薩如燄忍。佛子。此菩薩摩訶薩知一切世間同於陽燄譬如陽燄無有方所非內非外非有非無非斷非常非一色非種種色亦非無色但隨世間言說顯示菩薩如是如實觀察了知諸法現證一切令得圓滿。是名菩薩摩訶薩第五如燄忍。佛子。云何爲菩薩摩訶薩如夢忍。佛子。此菩薩摩訶薩知一切世間如夢譬如夢非世間非

離世間非欲界非色界非無色界。非生非沒非染非淨而有示現。菩薩摩訶薩亦復如是知一切世間悉同於夢無有變異故。如夢自性故。如夢執著故。如夢性離故。如夢本性故。如夢所現故。如夢無差別故。如夢想分別故。如夢覺時故。是名菩薩摩訶薩第六如夢忍。佛子。云何爲菩薩摩訶薩如響忍。佛子。此菩薩摩訶薩聞佛說法觀諸法性修學成就到於彼岸知一切音聲悉同於響無來無去。如是示現。佛子。此菩薩摩訶薩觀如來聲不從內出不從外出亦不從於內外而出雖了此聲非內非外非內非出。而能示現

善巧名句成就演說譬如谷響從緣所起而與法性無有相違令諸衆生隨類各解而得修學如帝釋夭人阿修羅女名曰舍支於一音中出千種音亦不心念令如是出菩薩摩訶薩亦復如是入無分別界成就善巧隨類之音於無邊世界中恆轉法輪此菩薩善能觀察一切衆生以廣長舌相而爲演說其聲無礙徧十方土令隨所宜聞法各異雖知聲無起而普現音聲雖知無所說而廣說諸法妙音平等隨類各解悉以智慧而能了達是名菩薩摩訶薩第七如響忍佛子云何爲菩薩摩訶薩如影忍佛子此菩薩摩

訶薩非於世間生非於世間沒非在世間內非在世間外非行於世間非不行於世間非同於世間非異於世間非往於世間非不往於世間非住於世間非不住於世間非是世間非出世間非修菩薩行非捨於大願非實非不實雖常行一切佛法而能辦一切世間事不隨世間流亦不住法流譬如日月男子女人舍宅山林河泉等物於油於水於身於寶於明鏡等清淨物中而現其影影與油等非一非異非離非合於川流中亦不漂度於池井內亦不沉沒雖現其中無所染著然諸衆生知於此處有是影現亦知彼

處無如是影遠物近物雖皆影現影不隨物而有近遠。菩薩摩訶薩亦復如是能知自身及以他身一切皆是智之境界不作二解謂自他別而於自國土於他國土各各差別一時普現。如種子中無有根芽莖節枝葉而能生起如是等事菩薩摩訶薩亦復如是於無二法中分別二相善巧方便通達無礙是名菩薩摩訶薩第八如影忍。菩薩摩訶薩成就此忍雖不往詣十方國土而能普現一切佛刹。亦不離此亦不到彼如影普現所行無碍令諸衆生見差別身同於世間堅實之相。然此差別即非差別。別與不別無所障礙。此菩薩從於如來種性而生身語及意清淨無礙故能獲得無邊色相清淨之身。佛子。云何爲菩薩摩訶薩如化忍。佛子。此菩薩摩訶薩知一切世間皆悉如化所謂一切衆生意業化覺想所起故。一切世間諸行化分別所起故。一切苦樂顛倒化妄取所起故。一切世間不實法化言說所現故。一切煩惱分別化想念所起故。復有清淨調伏化無分別所現故。於三世不轉化無生平等故。菩薩願力化廣大修行故。如來大悲化方便示現故。轉法輪方便化智慧無畏辯才所說故。菩薩如是了知世間出世間化。現證知。

廣大知無邊知如事知自在知眞實知非虛妄見所能傾動隨世所行亦不失壞譬如化不從心起不從心法起不從業起不受果報非世間生非世間滅不可隨逐不可攬觸非久住非須臾住非行世間非離世間不專繫一方不普屬諸方非有量非無量不厭不息非不厭息非凡非聖非染非淨非生非死非智非愚非見非不見非依世間非入法界非黠慧非遲鈍非取非不取非生死非涅槃非有非無有菩薩如是善巧方便行於世間修菩薩道了知世法分身化往不著世間不取自身於世於身無所分別不住世間不離世間不住於法不離於法以本願故不棄捨一衆生界不調伏少衆生界不分別法非不分別知諸法性無來無去雖無所有而滿足佛法了知如化非有非無佛子菩薩摩訶薩如是安住如化忍時悉能滿足一切諸佛菩提之道利益衆生是名菩薩摩訶薩第九如化忍菩薩摩訶薩成就此忍凡有所作悉同於化譬如化士於一切佛刹無所依住於一切世間無所取著於一切佛法不生分別而趣佛菩提無有懈倦修菩薩行離諸顛倒雖無有身而現一切身雖無所住而住衆國土雖無有色而普現衆色雖

不著實際而明照法性平等圓滿佛子此菩薩摩訶薩於一切法無所依止名解脫者一切過失悉皆捨離名調伏者不動不轉普入一切如來眾會名神通者於無生法忍已得善巧名無退者具一切力須彌鐵圍不能為障名無礙者佛子云何為菩薩摩訶薩如空忍佛子此菩薩摩訶薩了一切法界猶如虛空以無相故一切世界猶如虛空以無起故一切法猶如虛空以無二故一切眾生行猶如虛空無所行故一切佛猶如虛空無分別故一切佛力猶如虛空無差別故一切禪定猶如虛空三際平等故所說一切法猶如虛空不可言說故一切佛身猶如虛空無著無礙故菩薩如是以如虛空方便了一切法皆無所有佛子菩薩摩訶薩以如虛空忍智了一切法時得如虛空身身業得如虛空語語業得如虛空意意業譬如虛空一切法依不生不沒菩薩摩訶薩亦復如是一切法身不生不沒譬如虛空不可破壞菩薩摩訶薩亦復如是智慧諸力不可破壞譬如虛空一切世間之所依止而無所依菩薩摩訶薩亦復如是一切諸法之所依止而無所依譬如虛空無生無滅能持一切世間生滅菩薩摩訶薩亦復如是無向無得

能示向得普使世間修行清淨[四]譬如虛空無方無隅
而能顯現無邊方隅菩薩摩訶薩亦復如是無業無
報而能顯示種種業報[五]譬如虛空非行非住而能示
現種種威儀菩薩摩訶薩亦復如是非行非住而能
分別一切諸行[六]譬如虛空非色非非色而能示現種
種諸色菩薩摩訶薩亦復如是非世間色非出世間
色而能示現一切諸色[七]譬如虛空非久非近而能久
住現一切物菩薩摩訶薩亦復如是非久非近而能
久住顯示菩薩所行諸行[八]譬如虛空非淨非穢不離
淨穢菩薩摩訶薩亦復如是非障非無障不離障無

障[九]譬如虛空一切世間皆現其前非現一切世間之
前菩薩摩訶薩亦復如是一切諸法皆現其前非現
一切諸法之前[十]譬如虛空普入一切而無邊際菩薩
摩訶薩亦復如是普入諸法而菩薩心無有邊際何
以故菩薩所作如虛空故謂所有修習所有嚴淨所
有成就皆悉平等一體一味一種分量如虛空清淨
徧一切處如是證知一切諸法於一切法無有分
別嚴淨一切佛國土圓滿一切無所依身了一切
方無有迷惑具一切力不可摧壞滿足一切無邊功
德已到一切甚深法處通達一切波羅蜜道普坐一

切金剛之座，普發一切隨類之音，爲一切世間轉於法輪，未曾失時，是名菩薩摩訶薩第十如空忍。菩薩摩訶薩成就此忍，得無來身，以無去故；得無生身，以無滅故；得不動身，以無壞故；得如實身，離虛妄故；得一相身，以無相故；得無量身，佛力無量故；得平等身，同如相故；得無差別身，等觀三世故；得至一切處身，淨眼等照無障礙故；得離欲際身，知一切法無合散故；得虛空無邊際身，福德藏無盡如虛空故；得無斷無盡法性平等辯才身，知一切法相唯是一相，無性爲性，如虛空故；得無量無礙音聲身，無所障礙如虛空故；得具一切善巧清淨菩薩行身，於一切處皆無障礙如虛空故；得一切佛法海次第相續身，不可斷絕如虛空故；得一切佛剎中現無量佛剎身，離諸貪著如虛空無邊故；得示現一切自在法無休息身，如虛空大海無邊際故；得一切不可壞堅固勢力身，如虛空任持一切世間故；得諸根明利如金剛堅固不可壞身，如虛空一切劫火不能燒故；得持一切世間力身，智慧力如虛空故。佛子，是名菩薩摩訶薩十種忍。

華嚴經普賢行品

爾時普賢菩薩摩訶薩復告諸菩薩大衆言佛子如向所演此但隨衆生根器所宜略說如來少分境界何以故諸佛世尊爲諸衆生無智作惡計我我所執著於身顚倒疑惑邪見分別與諸結縛恆共相應隨生死流遠如來道故出興於世佛子我不見一法爲大過失如諸菩薩於他菩薩起瞋心者何以故佛子若諸菩薩於餘菩薩起瞋恚心即成就百萬障門故何等爲百萬障所謂不見菩提障一不聞正法障二生不淨世界障三生諸惡趣障四生諸難處障五多諸疾病障六多被謗毀障七生頑鈍諸趣障八壞失正念障九闕少智慧障十眼障耳障鼻障舌障身障意障惡知識障惡伴黨障樂習小乘障樂近凡庸障二十不信樂大威德人障樂與離正見人同住障生外道家障住魔境界障離佛正教障不見善友障善根留難障增不善法障得下劣處障生邊地障三十生惡人家障生惡神中障生惡龍惡夜叉惡乾闥婆惡阿修羅惡迦樓羅惡緊那羅惡摩睺羅伽惡羅剎中障不樂佛法障習童蒙法障樂著小乘障不樂大乘障性多驚怖障心常憂惱障愛著生死障四十不專佛法障不喜見聞佛自在神通障不得

菩薩諸根障。不得菩薩淨行障。退怯菩薩深心障。不生菩薩大願障。不發一切智心障。於菩薩行懈怠障。不能淨治諸業障。不能攝取大福障。五十智力不能明利障。斷於廣大智慧障。不護持菩薩諸行障。樂謗誹一切智語障。遠離諸佛菩提障。樂住眾魔境界障。不專修佛境界障。不決定發菩薩弘誓障。不樂與菩薩同住障。不求菩薩善根障。六十性多見疑障。心常愚闇障。不能行菩薩平等施故起不捨障。不能持如來戒故起破戒障。不能入堪忍門故起愚癡惱害瞋恚障。不能行菩薩大精進故起懈怠垢障。不能得諸三昧故起散亂障。不修治般若波羅蜜故起惡慧障。於處非處中無善巧障。於度眾生中無方便障。七十於菩薩智慧中不能觀察障。於菩薩出離法中不能了知障。不成就菩薩十種廣大眼故眼如生盲障。耳不聞無礙法故口如啞羊障。不具相好故鼻根破壞障。不能辨了眾生語言故成就舌根障。輕賤眾生故成就身根障。心多狂亂故成就意根障。不持三種律儀故成就身業障。恆起四種過失故成就語業障。八十多生貪瞋邪見故成就意業障。賊心求法障。斷絕菩薩境界障。於菩薩勇猛法中心生退怯障。於菩薩出離道中心生懶惰障於菩薩智慧光明門中心生止息障於菩薩念力中心生劣弱障於如來教法中不能住持障於菩薩離生道不能親近障於菩薩無失壞道不能修習障 九十
隨順二乘正位障遠離三世諸佛菩薩種性障佛子 九二
若菩薩於諸菩薩起一瞋心則成就如是等百萬障門何以故佛子我不見有一法爲大過惡如諸菩薩於餘菩薩起瞋心者是故諸菩薩摩訶薩欲疾滿足諸菩薩行應勤修十種法何等爲十所謂心不棄捨一切衆生於諸菩薩生如來想永不謗誹一切佛法知諸國土無有窮盡於菩薩行深生信樂不捨平等

虛空法界菩提之心觀察菩提入如來力精勤修習無礙辯才教化衆生無有疲厭住一切世界心無所著是爲十佛子菩薩摩訶薩安住此十法已則能具足十種清淨何等爲十所謂通達甚深法清淨親近善知識清淨護持諸佛法清淨了達虛空界清淨深入法界清淨觀察無邊心清淨與一切菩薩同善根清淨不著諸劫清淨觀察三世清淨修行一切諸佛法清淨是爲十佛子菩薩摩訶薩住此十法已則具足十種廣大智何等爲十所謂知一切衆生心行智知一切衆生業報智知一切佛法智知一切佛法深

密理趣智。知一切陀羅尼門智。知一切文字辯才智。知一切眾生語言音聲辭辯善巧智。於一切世界中普現其身智。於一切眾會中普現影像智。於一切受生處中具一切智智。是為十。佛子。菩薩摩訶薩住此十智已。則得入十種普入。何等為十。所謂一切世界入一毛道。一毛道入一切世界。一切眾生身入一身。一身入一切眾生身。不可說劫入一念。一念入不可說劫。一切佛法入一法。一法入一切佛法。不可說處入一處。一處入不可說處。不可說根入一根。一根入不可說根。一切根入非根。非根入一切根。一切想入

一想。一想入一切想。一切言音入一言音。一言音入一切言音。一切三世入一世。一世入一切三世。是為十。佛子。菩薩摩訶薩如是觀察已。則住十種勝妙心。何等為十。所謂住一切世界語言非語言勝妙心。住一切眾生想念無所依止勝妙心。住究竟虛空界勝妙心。住無邊法界勝妙心。住一切深密佛法勝妙心。住甚深無差別法勝妙心。住除滅一切疑惑勝妙心。住一切世平等無差別勝妙心。住三世諸佛平等勝妙心。住一切諸佛力無量勝妙心。是為十。佛子。菩薩摩訶薩住此十種勝妙心已。則得十種佛法善巧智。

何等爲十。所謂了達甚深佛法善巧智。出生廣大佛法善巧智。宣說種種佛法善巧智。證入平等佛法善巧智。明了差別佛法善巧智。悟解無差別佛法善巧智。深入莊嚴佛法善巧智。一方便入佛法善巧智。無量方便入佛法善巧智。知無邊佛法無差別善巧智。以自心自力於一切佛法不退轉善巧智。是爲十。佛子。菩薩摩訶薩聞此法已。咸應發心恭敬受持。何以故。菩薩摩訶薩持此法者。少作功力疾得阿耨多羅三藐三菩提。皆得具足一切佛法。悉與三世諸佛法等。爾時佛神力故法如是故。十方各有十不可說百

千億那由他佛刹微塵數世界。六種震動。雨出過諸天一切華雲香雲末香雲。衣蓋幢幡摩尼寶等。及以一切莊嚴具雲。雨衆妓樂雲。雨諸菩薩雲。雨不可說如來色相雲。雨不可說讚歎如來善哉雲。雨如來音聲充滿一切法界雲。雨不可說莊嚴世界雲。雨不可說增長菩提雲。雨不可說光明照耀雲。雨不可說神力說法雲。如此世界四天下菩提樹下菩提場菩薩宮殿中。見於如來成等正覺演說此法。十方一切諸世界中悉亦如是。爾時佛神力故法如是故十方各過十不可說佛刹微塵數世界外。有十佛刹微塵數

菩薩摩訶薩來詣此土充滿十方作如是言善哉善哉佛子乃能說此諸佛如來最大誓願授記深法佛子我等一切同名普賢各從普勝世界普幢自在如來所來詣此土悉以佛神力故於一切處演說此法如此眾會如是所說一切平等無有增減我等皆承佛威神力來此道場爲汝作證如此道場我等十佛刹微塵數菩薩而來作證十方一切諸世界中悉亦如是。

金光明經捨身飼虎故事

過去世時有一國王名曰大車。巨富多財庫藏盈滿。軍兵武勇眾所欽伏。常以正法施化黔黎。人民熾盛無有怨敵。國大夫人誕生三子。顏容端正人所樂觀太子名曰摩訶波羅。次子名曰摩訶提婆。幼子名曰摩訶薩埵。是時大王為欲遊觀縱賞山林。其三王子亦皆隨從。為求花果捨父周旋。至大竹林於中憩息。第一王子作如是言。我於今日心甚驚惶。於此林中將無猛獸損害於我。第二王子復作是言。我於自身初無悋惜。恐於所愛有別離苦。第三王子白二兄曰。

此是神仙所居處。我無恐怖別離憂。身心充遍生歡喜。當獲殊勝諸功德。時諸王子各說本心所念之事。次復前行。見有一虎產生七子。纔經七日。諸子圍遶。飢渴所逼身形羸瘦。將死不久。第一王子作如是言哀哉此虎產來七日七子圍遶無暇求食飢渴所逼必還噉子。薩埵王子問言。此虎每常所食何物。第一王子答曰。虎豹豺獅子。唯噉熱血肉。更無餘飲食可濟此虛羸。第二王子聞此語已。作如是言。此虎羸瘦飢渴所逼餘命無幾。我等何能為求如是難得飲食。誰復為斯自捨身命濟其飢苦。第一王子言。一切難捨無過己身薩埵王子言我等今者於自己身各生愛戀復無智慧不能於他而興利益然有上士懷大悲心常爲利他忘身濟物復作是念我今此身於百千生虛棄爛壞曾無所益云何今日而不能捨以濟飢苦如捐洟唾時諸王子作是議已各起慈心悽傷愍念共觀羸虎目不暫移徘徊久之俱捨而去爾時薩埵王子便作是念我捨身命今正是時何以故我從久來持此身臭穢膿流不可愛供給敷具並衣食象馬車乘及珍財變壞之法體無常恆求難滿難保守雖常供養懷怨害終歸棄我不知恩復次此身不堅於我無益可畏如賊不淨如糞我於今日當使此身修廣大業於生死海作大舟航棄捨輪迴令得出離復作是念若捨此身則捨無量癰疽惡疾百千怖畏是身唯有大小便利不堅如泡諸蟲所集血脈筋骨共相連持甚可厭患是故我今應當棄捨以求無上究竟涅槃永離憂患無常苦惱生死休息斷諸塵累以定慧力圓滿熏修百福莊嚴成一切智諸佛所讚微妙法身既證得已施諸衆生無量法樂是時王子興大勇猛發弘誓願以大悲念增益其心慮彼二兄情懷怖懼共爲留難不果所祈即便白言二兄前

去我且於後爾時王子摩訶薩埵還入林中至其虎所脫去衣服置於竹上作是誓言我爲法界諸衆生志求無上菩提處起大悲心不傾動當捨凡夫所愛身菩提無患無熱惱諸有志者之所樂三界苦海諸衆生我今拔濟令安樂是時王子作是言已於餓虎前委身而臥由此菩薩慈悲威勢虎無能爲菩薩見已卽上高山投身於地時諸神仙捧接王子曾無傷損復作是念虎今羸瘦不能食我卽起求刀竟不能得卽以乾竹刺頸出血漸近虎邊是時大地六種震動如風激水涌沒不安日無精明如羅睺障諸方闇蔽無復光輝天雨名花及妙香末繽紛亂墜遍滿林中爾時虛空有諸天衆見是事已生隨喜心歎未曾有咸共讚言善哉大士卽說頌曰大士救護運悲心等視衆生如一子勇猛歡喜情無悋捨身濟苦福難思定至眞常勝妙處永離生死諸纏縛不久當獲菩提果寂靜安樂證無生是時餓虎既見薩埵頸下血流卽便舐血噉肉皆盡唯留餘骨爾時第一王子見地動已告其弟曰大地山河皆震動諸方闇蔽日無光天花亂墜遍空中定是我弟捨身相第二王子聞兄語已說伽他曰我聞薩埵慈悲語見彼餓虎身羸

瘦飢苦所纏。恐食子。我今疑弟捨其身。時二王子生大愁苦。啼泣悲歎。卽共相隨還至虎所。見弟衣服在竹枝上。骸骨及髮在處縱橫。血流成泥。霑汙其地。見已悶絕不能自持。投身骨上。久乃得蘇。卽起舉手哀號大哭。俱時歎曰。我弟貌端嚴。父母偏愛念。云何俱共出。捨身而不歸。父母若問時。我等如何答。寧可同捐命。豈復自存身。時二王子悲泣懊惱。漸捨而去。

作逆現報

涅槃經阿闍世王故事

爾時王舍大城阿闍世王。其性弊惡。喜行殺戮。具口四惡。貪恚愚癡。其心熾盛。唯見現在。不見未來。純以惡人而爲眷屬。貪著現世五欲樂故。父王無辜。橫加逆害。因害父已。心生悔熱。身諸瓔珞伎樂不御。心悔熱故。偏體生瘡。其瘡臭穢。不可附近。尋自念言。我今此身已受華報。地獄果報將近不遠。爾時其母字韋提希。以種種藥而爲傅之。其瘡遂增。無有降損。王即白母。如是瘡者從心而生。非四大起。若言衆生有能治者。無有是處。

六師陷惑

時有大臣名曰月稱。往至王所。在一面立。白言大王何故愁悴。顏容不悅。爲身痛耶。爲心痛乎。王答臣言我今身心豈得不痛。我父無辜。橫加逆害。我從智者曾聞是義。世有五人不脫地獄。謂五逆罪。我今已有無量無邊阿僧祇罪。云何身心而得不痛。又無良醫治我身心。臣言大王莫大愁苦。卽說偈言。若常愁苦愁遂增長。如人喜眠。眠則滋多。貪婬嗜酒。亦復如是。如王所言。世有五人不脫地獄。誰往見之來語王耶。言地獄者直是世間多智者說。如王所言世無良醫治身心者。今有大醫名富蘭那。一切知見。得自在定。

畢竟修習清淨梵行常爲無量無邊眾生演說無上涅槃之道爲諸弟子說如是法無有黑業無黑業報無有白業無白業報無黑白業無黑白業報無有上業及以下業是師今在王舍城中唯願大王屈駕往彼可令是師療治身心時王答言審知如是滅除我罪我當歸依復有一臣名曰藏德復往王所而作是言大王何故面貌顦顇脣口乾焦音聲微細猶如怯人見大怨敵顏色皺皵將何所苦爲身痛耶爲心痛乎王卽答言我今身心云何不痛我之癡盲無有慧目近諸惡友而爲親善隨調婆達惡人之言正法之

王横加逆害我昔曾聞智人而說偈言若於父母佛及弟子生不善心起於惡業如是果報在阿鼻獄以是義故令我心怖生大苦惱又無良醫而見救療大臣復言唯願大王且莫愁怖法有二種一者出家二者王法王法者謂害其父則王國土雖云是逆實無有罪如迦羅羅蟲要壞母腹然後乃生生法如是雖破母腹實亦無罪騾懷妊等亦復如是治國之法法應如是雖殺父兄亦無有罪出家法者乃至蚊蟻殺亦有罪唯願大王寬意莫愁何以故若常愁苦愁遂增長如人喜眠眠則滋多貪婬嗜酒亦復如是如王

所言世無良醫治身心者今有大師名末伽梨拘舍離子一切知見憐愍衆生猶如赤子已離煩惱能拔衆生三毒利箭一切衆生於一切法無知見覺唯是一人獨知見覺如是大師常爲弟子說如是法一切衆生身有七分何等爲七地水火風苦樂壽命如是七法非化非作不可毀害如伊師迦草安住不動如須彌山不捨不作猶如乳酪各不諍訟若苦若樂若善不善投之利刀無所傷害何以故七分空中無妨礙故命亦無害何以故無有害者及死者故無作無受無說無聽無有念者及以教者常說是法能令衆生滅除一切無量重罪是師今在王舍大城唯願大王往至其所王若見者衆罪消滅時王答言審能如是除滅我罪我當歸依復有一臣名曰實德復到王所卽說偈言大王何故身脫瓔珞首髮蓬亂乃至如是王身何故顫慄不安猶如猛風吹動華樹王今何故容色愁悴猶如農夫下種之後天不降雨愁苦如是爲是心痛爲身痛耶王卽答言我今身心豈得不痛我父先王慈愛流惻特見矜念實無辜咎往問相師相師答言是兒生已定當害父雖聞是語猶見瞻養曾聞智者作如是言若人姦母及比丘尼偷僧鬘

物殺發無上菩提心者害及其父。如是之人必定當墮阿鼻地獄。我今身心豈得不痛。大臣復言唯願大王且莫愁苦如其父王修解脫者害則有罪若治國法殺則無罪。大王非法者名爲無法。無法者名爲無罪。譬如無子名爲無子亦如惡子名之無子雖言無子實非無子。如食無鹽名爲無鹽食若少鹽亦名無鹽。如河無水名爲無水。亦如少水亦名無水。如念念滅亦言無常。雖住一劫亦名無常。如人受苦名爲無樂。雖受少樂亦名無樂。如不自在名之無我雖少自在亦名無我。如闇夜時名之無日。雲霧之時亦言無

日。大王雖言少法名爲無法實非無法。願王留神聽臣所說一切衆生皆有餘業。以業緣故數受生死。若使先王有餘業者。王今殺之竟有何罪。唯願大王寬意莫愁。何以故。若常愁苦愁遂增長。如人喜眠眠則滋多。貪婬嗜酒亦復如是。如王所言世無良醫治身心者。今有大師名刪闍耶毗羅胝子。一切知見其智淵深猶如大海有大威德具大神通能令衆生離諸疑網。一切衆生不知見覺唯是一人獨知見覺。今者近在王舍城住。爲諸弟子說如是法。一切衆中若是王者自在隨意造作善惡雖爲衆惡悉無有罪如火

燒物無淨不淨。王亦如是。與火同性。譬如大地淨穢普載。雖爲是事。初無瞋喜。王亦如是。與地同性。譬如水性淨穢俱洗。雖爲是事。亦無憂喜。王亦如是。與水同性。譬如風性淨穢等吹。雖爲是事。亦無憂喜。王亦如是。與風同性。如秋髡樹。春則還生。雖復髡斫。實無有罪。一切衆生亦復如是。此間命終。還此間生。以還生故。當有何罪。一切衆生苦樂果報。悉皆不由現在世業。因在過去。現在受果。現在無因。未來無果。以現果故。衆生持戒。勤修精進。遮現惡果。以持戒故。則得無漏。得無漏故。盡有漏業。以盡業故。衆苦得盡。衆苦

盡故。故得解脫。唯願大王速往其所。令其療治身心苦痛。王若見者。衆罪則除。王卽答言。審有是師能除我罪。我當歸依。復有一臣名悉知義。卽至王所作如是言。王今何故形不端嚴。如失國者。如泉枯涸。池無蓮華。樹無華葉。破戒比丘身無威德。爲身痛耶。爲心痛乎。王卽答言。今我身心豈得無痛。我父先王慈惻流念。然我不孝不知報恩。常以安樂安樂於我。而我背恩反斷其樂。先王無辜橫興逆害。我亦曾聞智者說言。若有害父。當於無量阿僧祇劫受大苦惱。我今不久必墮地獄。又無良醫救療我罪。大臣卽言。唯願

大王放捨愁苦。王不聞耶。昔者有王名曰羅摩。害其父已得紹王位。拔提大王。毘樓眞王。那睺沙王。迦帝迦王。毗舍佉王。月光明王。日光明王。愛王。持多人王。如是等王皆害其父得紹王位。然無一王入地獄者。於今現在毗琉璃王。優陀耶王。惡性王。鼠王。蓮華王。如是等王皆害其父。悉無一王生愁惱者。雖言地獄餓鬼天中。誰有見者。大王唯有二有。一者人道二者畜生。雖有是二非因緣生非因緣死。若非因緣何有善惡。唯願大王勿懷愁怖。何以故若常愁苦。愁遂增長。如人喜眠眠則滋多。貪婬嗜酒亦復如是。如王所

言世無良醫治身心者。今有大師名阿耆多翅舍欽婆羅。一切知見觀金與土平等無二。刀斫右脅左塗旃檀。於此二人心無差別。等視怨親心無異相。此師眞是世之良醫。若行若立若坐若臥常在三昧心無分散。告諸弟子作如是言。若自作若教他作若自斫若教他斫。若自炙若教他炙。若自害若教他害。若自偷若教他偷。若自婬若教他婬。若自妄語若教他妄語。若自飲酒若教他飲酒。若殺一村一城一國。若以刀輪殺一切衆生。若恆河以南布施衆生恆河以北殺害衆生。悉無罪福無施戒定。今者近在王舍城住。

願王速往。王若見者，眾罪除滅。王言大臣：審能如是
除滅我罪。我當歸依。復有大臣名曰吉得，復往王所
作如是言。王今何故面無光澤，如日中燈，如晝時月。
如失國君，如荒敗土。大王今者四方清夷，無諸怨敵。
而今何故如是愁苦。為身痛耶，為心痛乎、有諸王子
常生此念：我今何時當得自在。大王今者已果所願。
自在王領摩伽陀國。先王寶藏具足而得、唯當快意
縱情受樂，如是愁苦何用經懷。王卽答言。我今云何
得不愁惱。大臣、譬如愚人但貪其味，不見利刀。如食
雜毒、不見其過。我亦如是。如鹿見草，不見深穽。如鼠

貪食，不見貓狸。我亦如是。見現在樂，不見未來不善
苦果、曾從智者聞如是言。寧於一日受三百矛。不於
父母生一念惡。我今已近地獄熾火。云何當得不愁
惱耶。大臣復言。誰來誑王言有地獄。如刺頭利，誰之
所造。飛鳥色異，復誰所作。水性潤漬，石性堅鞕，如風
動性，如火熱性。一切萬物自死自生，誰之所作。言地
獄者，直是智者文辭造作。言地獄者，為有何義。臣當
說之。地者名地。獄者名破，破於地獄，無有罪報，是名
地獄、又復地者名人。獄者名天。以害其父，故到人天。
以、是義故，婆藪僊人唱言：殺羊得人天樂，是名地獄。

又復地者名命獄者名長以殺生故得壽命長故名地獄。大王是故當知實無地獄。大王如種麥得麥種稻得稻殺地獄者還得地獄殺害於人應還得人。大王今當聽臣所說實無殺害。若有我者實亦無害。若無我者復無所害。何以故若有我者常無變易以常住故不可殺害不破不壞不繫不縛不瞋不喜猶如虛空。云何當有殺害之罪。若無我者諸法無常以無常故念念滅壞念念滅故殺者死者皆念念滅若念念滅誰當有罪。大王如火燒木火則無罪如斧斫樹斧亦無罪如鎌刈草鎌實無罪如刀殺人刀實非人

刀亦無罪人云何罪如毒殺人毒實非人毒藥非罪人云何罪。一切萬物皆亦如是實無殺害云何有罪。唯願大王莫生愁苦。何以故若常愁苦愁遂增長如人喜眠眠則滋多貪婬嗜酒亦復如是。如王所言世無良醫治惡業者今有大師名迦羅鳩馱迦旃延。一切知見明了三世於一念頃能見無量無邊世界聞聲亦爾能令衆生遠離過惡猶如恆河若內若外所有諸罪皆悉淸淨是大良師亦復如是能除衆生內外衆罪。爲諸弟子說如是法。若人殺害一切衆生心無慚愧終不墮惡。猶如虛空不受塵水。有慚愧者即

入地獄猶如大水潤濕於地。一切眾生悉是自在天之所作。自在天喜眾生安樂。自在天瞋眾生苦惱。一切眾生若罪若福乃是自在之所為作。云何當言人有罪福。譬如工匠作機關木人行住坐臥唯不能言。眾生亦爾。自在天者喻如工匠。木人者喻眾生身。如是造化誰當有罪。如是大師今者近在王舍城住。唯願速往。如其見者眾罪消滅。王即答言審有是人能滅我罪我當歸依。復有一臣名無所畏。往至王所說如是言。大王世有愚人一日之中百喜百愁百眠百寤百驚百哭。有智之人斯無是事。大王何故憂愁如

是。如失侶客如墮深泥無救拔者。如人渴乏不得漿水。猶如迷人無有導者。如困病人無醫療治。如海船破無救接者。大王今者為身痛耶為心痛乎。王即答言我今身心豈得不痛。我近惡友不觀口過。先王無辜橫興逆害。我今定知當入地獄。復無良醫而見救濟。臣即白王。唯願大王莫生愁毒。夫剎利者名為王種。若為國土若為沙門及婆羅門為安人民雖復殺害無有罪也。先王雖復恭敬沙門。不能承事諸婆羅門。心無平等。心無平等故則非剎利。大王今者為欲供養諸婆羅門殺害先王。當有何罪。大王實無殺害

耆婆善誘

夫殺害者殺害壽命命名風氣風氣之性不可殺害云何害命而當有罪唯願大王莫復愁苦何以故若常愁苦愁遂增長如人喜眠眠則滋多貪婬嗜酒亦復如是如王所言世無良醫而療治者今有大師名尼乾陀若提子一切知見憐愍眾生善知眾生諸根利鈍達解一切隨宜方便世間八法所不能污寂靜修習淸淨梵行爲諸弟子說如是言無施無善無父無母無今世後世無阿羅漢無修無道一切眾生經八萬劫於生死輪自然得脫有罪無罪悉亦如是如四大河所謂辛頭恆河博叉私陀悉入大海無有差

別一切眾生亦復如是得解脫時悉無差別是師今在王舍城住唯願大王速往其所若得見者眾罪消除王卽答言審有是師能除我罪我當歸依

爾時大醫名曰耆婆往至王所白言大王得安眠不王卽以偈答言

若有能永斷　一切諸煩惱　不貪染三界
乃得安隱眠　若得大涅槃　演說甚深義
名眞婆羅門　乃得安隱眠　身無諸惡業
口離於四過　心無有疑網　乃得安隱眠
身心無熱惱　安住寂靜處　獲致無上樂

乃得安隱眠。　心無有取著　遠離諸怨讐
常和無諍訟　乃得安隱眠。　若不造惡業
心常懷慚愧　信惡有果報　乃得安隱眠。
敬養於父母　不害一生命　不盜他財物
乃得安隱眠。　調伏於諸根　親近善知識
破壞四魔眾　乃得安隱眠。　不見吉不吉
及以苦樂等　爲諸眾生故　輪轉於生死
若能如是者　乃得安隱眠。　誰得安隱眠
所謂諸佛是　深觀空三昧　身心安不動。
誰得安隱眠　所謂慈悲者　常修不放逸

視眾如一子。　眾生無明冥　不見煩惱果
常造諸惡業　不得安隱眠。　若爲於自身
及以他人身　造作十惡業　不得安隱眠。
若言爲樂故　害父無過咎　隨是惡知識
不得安隱眠。　若食過節度　冷飲而過差
如是則病苦　不得安隱眠。　若於王有過
邪念他婦女　及行曠路者　不得安隱眠。
持戒果未熟　太子未紹位　盜者未獲財
不得安隱眠。

耆婆我今病重。於正法王興惡逆害。一切良醫妙藥

咒術善巧瞻病所不能治。何以故。我父先王如法治
國實無辜咎橫加逆害。如魚處陸當有何樂。如鹿在
檻初無歡心。如人自知命不終日。如王失國逃迸他
土。如人聞病不可療治。如破戒者聞說罪過。我昔曾
聞智者說言身口意業若不清淨當知是人必墮地
獄。我亦如是。云何當得安隱眠耶。今我又無無上大
醫演說法藥除我病苦。

耆婆答王善哉善哉。王雖作罪心生重悔而懷慚愧
大王諸佛世尊常說是言有二白法能救衆生。一慚
二愧慚者自不作罪愧者不教他作慚者內自羞恥
愧者發露向人。慚者羞人愧者羞天。是名慚愧。無慚
愧者不名爲人名爲畜生有慚愧故則能恭敬父母
師長有慚愧故說有父母兄弟姊妹善哉大王具有
慚愧。大王且聽臣聞佛說智者有二一者不造諸惡
二者作已懺悔。愚者亦二。一者作罪。二者覆藏。雖先
作惡後能發露。悔已慚愧更不敢作。猶如濁水置之
明珠以珠威力水卽爲清如煙雲除月則清明作惡
能悔亦復如是。王若懺悔懷慚愧者罪則除滅清淨
如本。大王富有二種。一者象馬種種畜生二者金銀
種種珍寶象馬雖多不敵一珠。大王衆生亦爾。一者

惡富。二者善富。多作諸惡不如一善。臣聞佛說修一
善心破百種惡。大王如少金剛能壞須彌。亦如少火
能燒一切。如少毒藥能害衆生。少善亦爾能破大惡。
雖名小善其實是大。何以故。破大惡故。大王如佛所
說覆藏者漏。不覆藏者則無有漏。發露悔過是故無
漏。若作衆罪不覆不藏。以不覆故罪則微薄。若懷慚
愧罪則消滅。大王水滴雖微漸盈大器。善心亦爾。一
一善心能破大惡。若覆罪者罪則增長。發露慚愧罪
則消滅。是故諸佛說有智者不覆藏罪。善哉大王能
信因果信業信報。唯願大王莫懷愁怖。若有衆生造

作諸罪覆藏不悔。心無慚愧。不見因果及以業報。不
能咨啟有智之人。不近善友。如是之人一切良醫乃
至瞻病所不能治。如迦摩羅病世醫拱手。覆罪之人
亦復如是。云何罪人。謂一闡提。一闡提者不信因果
無有慚愧。不信業報。不見現在及未來世。不親善友
不隨諸佛所說教誡。如是之人名一闡提。諸佛世尊
所不能治。何以故。如世死屍醫不能治。一闡提者亦
復如是。諸佛世尊所不能治。大王今者非一闡提。云
何而言不可救療。

如王所言無能治者。大王當知迦毗羅城淨飯王子

姓瞿曇氏字悉達多無師覺悟自然而得阿耨多羅
三藐三菩提三十二相八十種好莊嚴其身具足十
力四無所畏一切知見大慈大悲憐愍一切如羅睺
羅隨善衆生如犢逐母知時而說非時不語實語淨
語妙語義語法語一語能令衆生永離煩惱善知衆
生諸根心性隨宜方便無不通達其智高大如須彌
山深邃廣遠猶如大海是佛世尊有金剛智能破衆
生一切惡罪若言不能無有是處今者去此十二由
旬在拘尸那城娑羅雙樹間而爲無量阿僧祇等諸
菩薩僧演種種法若有若無若有爲若無爲若有漏

若無漏若煩惱果若善法果若色法若非色法若非
色非非色法若我若非我若非我非非我若常若非
常若非常非非常若樂若非樂若非樂非非樂若相
若非相若非相非非相若斷若非斷若非斷非非斷
若世若出世若非世非出世若乘若非乘若非乘非
非乘若自作自受若自作他受若無作無受大王若
當於佛所聞無作無受所有重罪卽當消滅王今且
聽釋提桓因命將欲終有五相現一者衣裳垢膩二
者頭上華萎三者身體臭穢四者腋下汗出五者不
樂本座時天帝釋或於靜處若見沙門及婆羅門卽

至其所生於佛想爾時沙門及婆羅門見帝釋來深自慶幸即說是語天主我今歸依於汝釋聞是已乃知非佛復自念言彼若非佛不能治我五退沒相是時御臣名般遮尸語帝釋言憍尸迦乾達婆王名敦浮樓其王有女字須拔陀王若能以此女見與臣當示王除衰相處釋即答言善男子毗摩質多阿多羅王有女舍脂是吾所敬卿若必能示吾消滅惡相處者猶當相與況須拔陀憍尸迦有佛世尊字釋迦牟尼今者在於王舍大城若能往彼咨稟未聞衰沒之相必得除滅善男子若佛世尊審能滅者便可囘駕

至其住處御臣奉命即囘車乘到王舍城耆闍崛山至於佛所頭面禮足卻坐一面白佛言世尊天人之中誰為繫縛憍尸迦慳貪嫉妒又言慳貪嫉妒因何而生答言因無明生又言無明復因何生答言因放逸生又言放逸復因何生答言因顛倒生又言顛倒復因何生答言因疑心生世尊顛倒之法因疑生者實如聖教何以故我有疑心以疑心故則生顛倒於非世尊生世尊想我今見佛疑網即除疑網除故顛倒亦盡顛倒盡故無有慳心乃至妒心佛言汝言無有慳妒心者汝今已得阿那含耶阿那含者無有貪

心若無貪心云何爲命來至我所而阿那含實不求命世尊有顛倒者則有求命無顛倒者則不求命然我今者實不求命所欲求者唯佛法身及佛智慧憍尸迦求佛法身及佛慧者將來之世必當得之爾時帝釋聞佛說已五衰沒相卽時消滅便起作禮繞佛三帀恭敬合掌而白佛言世尊我今卽死卽生失命得命又聞佛說當得阿耨多羅三藐三菩提是爲更生爲更得命世尊一切人天云何增益復以何緣而致損減憍尸迦鬬諍因緣人天損減善修和敬則得增益世尊若以鬬諍而損減者我從今日更不復與

阿修羅戰佛言善哉善哉憍尸迦諸佛世尊說忍辱法是阿耨多羅三藐三菩提因爾時釋提桓因卽前禮佛於是還去大王如來以能除諸惡相是故稱佛不可思議王若往者所有重罪必當得除大王且聽有婆羅門子字曰不害以殺無量衆生故名鴦崛磨復欲害母惡心起時身亦隨動身心動者卽五逆因五逆因故必墮地獄後見佛時身心俱動復欲生害身心動者卽五逆因五逆因故當入地獄是人得遇如來大師卽時得滅地獄因緣發阿耨多羅三藐三菩提心是故稱佛爲無上醫非六師也大王復有須

毗羅王子其父瞋之截其手足推之深井其母矜愍使人牽出將至佛所尋見佛時手足還具即發阿耨多羅三藐三菩提心大王以見佛故得現果報是故稱佛爲無上醫非六師也大王如恆河邊有諸餓鬼其數五百於無量歲初不見水雖至河上純見流火飢渴所逼發聲號哭爾時如來在於河側鬱曇鉢林坐一樹下時諸餓鬼來至佛所白佛言世尊我等飢渴命將不遠佛言恆河流水汝何不飲鬼即答言如來見水我則見火佛言恆河清流實非火也汝惡業故心自顛倒謂爲是火我當爲汝除滅顛倒令汝見

水爾時世尊廣爲諸鬼說慳貪過諸鬼即言我今渴乏雖聞法言都不入心佛言汝若渴乏先可入河恣意飲之是諸鬼等以佛力故即得飲水既飲水已如來復爲種種說法既聞法已悉發阿耨多羅三藐三菩提心捨餓鬼形得於天身大王是故稱佛爲無上醫非六師也大王舍婆提國羣賊五百波斯匿王挑出其目盲無前導不能得往至於佛所佛憐愍故即至賊所慰喻之言善男子善護身口更勿造惡諸賊即時聞如來音微妙清徹尋還得眼即於佛前合掌禮佛而白佛言世尊我今知佛慈心普覆一切衆生

非獨人天爾時如來即爲說法旣聞法已悉發阿耨多羅三藐三菩提心是故如來眞是世間無上良醫非六師也大王舍婆提國有旃陀羅名曰氣噓殺無量人見佛弟子大目犍連即時得破地獄因緣而得上生三十三天以有如是聖弟子故稱佛如來爲無上醫非六師也大王波羅奈城有長者子名阿逸多婬慝其母以是因緣殺戮其父其母復與外人共通子旣知已便復殺之有阿羅漢是其知識於此知識復生愧恥即便殺之殺已即到祇洹精舍求欲出家時諸比丘具知此人有三逆罪無敢聽者以不聽故

倍生瞋恚即於其夜放大猛火焚燒僧坊多殺無辜然後復往王舍城中至如來所求哀出家如來即聽爲說法要令其重罪漸漸輕微發阿耨多羅三藐三菩提心是故稱佛爲世良醫非六師也大王本性暴惡信受惡人提婆達多放大醉象欲令踐佛象旣見佛即時醒悟佛便伸手摩其頂上復爲說法悉令得發阿耨多羅三藐三菩提心大王畜生見佛猶得破壞畜生業果況復人耶大王當知若見佛者所有重罪必當得滅大王世尊未得阿耨多羅三藐三菩提時魔與無量無邊眷屬至菩薩所菩薩爾時以忍辱

力壞魔惡心令魔受法尋發阿耨多羅三藐三菩提心佛有如是大功德力大王有曠野鬼多害衆生如來爾時爲善賢長者至曠野村爲其說法時曠野鬼聞法歡喜即以長者授於如來然後便發阿耨多羅三藐三菩提心大王波羅奈國有屠兒名廣額於日日中殺無量羊見舍利弗即受八戒經一日夜以是因緣命終得爲北方天王毗沙門子如來弟子尚有如是大功德果況復佛也大王北天竺國有城名曰細石其城有王名曰龍印貪國重位戮害其父害其父已心生悔恨即捨國政來至佛所求哀出家佛言善來即成比丘重罪消滅發阿耨多羅三藐三菩提心大王當知佛有如是無量無邊大功德果大王如來有弟提婆達多破壞衆僧出佛身血害蓮華比丘尼作三逆罪如來爲說種種法要令其重罪尋得微薄是故如來爲大良醫非六師也大王若能信臣語者唯願速往至如來所若不見信願善思之大王諸佛世尊大悲普覆不限一人正法弘廣無所不包怨親平等心無憎愛終不偏爲一人令得阿耨多羅三藐三菩提餘人不得如來非獨四部之師普是一切天人龍鬼地獄畜生餓鬼等師一切衆生亦當視佛

如父母想。大王當知如來不但獨爲豪貴之人拔提迦王而演說法亦爲下賤優波離等。不獨偏受須達多阿那邠坻所奉飯食亦受貧人須達多食。不但獨爲舍利弗等利根說法亦爲鈍根周利槃特。不但獨聽大迦葉等無貪之性出家求道。亦聽大貪難陀出家。不但獨聽煩惱薄者優樓頻蠃迦葉等出家求道亦聽煩惱深厚造重罪者波斯匿王弟修陀耶出家求道。不以莎草恭敬供養拔其瞋根鴦崛磨羅惡心欲害捨而不救。不但獨爲有智男子而演說法。亦爲極愚判合智者女人說法。不但獨令出家之人得四

道果。亦令在家得三道果。不但獨爲富多羅等捨諸怱務閒寂思惟而說法要。亦爲頻婆娑羅王等統領國事理王務者而說法要。不但獨爲斷酒之人。亦爲耽酒郁伽長者荒醉者說。不但獨爲入禪定者離婆多等。亦爲喪子亂心婆羅門女婆私吒說。不但獨爲已之弟子。亦爲外道尼乾子說。不但獨爲盛壯之年二十五者。亦爲衰老八十者說。不但獨爲根熟之人亦爲善根未熟者說。不但獨爲末利夫人。亦爲婬女蓮華女說。不但獨受波斯匿王上饌甘味。亦受長者尸利毱多雜毒之食。大王當知尸利毱多往昔亦作

逆罪之因。以遇佛聞法。即發阿耨多羅三藐三菩提心。大王假使一月常以衣食供養恭敬一切衆生。不如有人一念念佛所得功德十六分一。大王假使鍛金爲人車馬載寶其數各百。以用布施。不如有人發心向佛舉足一步。大王假使復以象車百乘載大秦國種種珍寶及其女人身佩瓔珞數亦滿百持用布施。猶故不如發心向佛舉足一步。復置是事。若以四事供養三千大千世界所有衆生。猶亦不如發心向佛舉足一步。復置是事。若使大王供養恭敬恆河沙等無量衆生。不如一往娑羅雙樹到如來所誠心聽法。

佛悲接引

爾時大王答言。耆婆。如來世尊性已調柔。故得調柔以爲眷屬。如旃檀林純以旃檀而爲圍繞。如來淸淨所有眷屬亦復淸淨。猶如大龍純以諸龍而爲眷屬。如來寂靜。所有眷屬亦復寂靜。如來無貪。所有眷屬亦復無貪。佛無煩惱。所有眷屬亦無煩惱。吾今旣是極惡之人。惡業纏裹。其身臭穢。繫屬地獄。云何當得至如來所。吾設往者。恐不顧念接敘言說。卿雖勸吾令往佛所。然吾今日深自鄙悼。都無去心。

爾時虛空尋出聲言。無上佛法將欲衰殄。甚深法河於今欲涸。大法明燈將滅不久。法山欲頹法船欲沈。法橋欲壞法殿欲崩。法幢欲倒法樹欲折。善友欲去大怖將至。法饑眾生將至不久。煩惱疫病將欲流行大闇時至渴法時來。魔王欣慶解釋甲冑。佛日將沒大涅槃山。大王佛若去世。王之重惡更無治者。大王汝今已造阿鼻地獄極重之業。以是業緣必受不疑。大王阿者言無鼻者名間。間無暫樂故言無間。大王假使一人獨墮是獄。其身長大八萬由延。徧滿其中間無空處。其身周帀受種種苦。設有多人身亦徧滿不相妨礙。大王寒地獄中暫遇熱風以之為樂。熱地獄中暫遇寒風亦名為樂。有地獄中設命終已若聞活聲即便還活。阿鼻地獄都無此事。大王阿鼻地獄四方有門。一一門外各有猛火。東西南北交過通徹八萬由旬周帀鐵牆鐵網彌覆。其地亦鐵。上火徹下下火徹上。大王若魚在煎脂膏焦然。是中罪人亦復如是。大王作一逆者則便具受如是一罪。若造二逆罪則二倍。五逆具者罪亦五倍。大王我今定知王之惡業必不得免。唯願大王速往佛所。除佛世尊餘無能救我今愍汝故相勸導。爾時大王聞是語已。心懷怖懼舉身顫慄五體掉動如芭蕉樹。仰而答曰汝為是誰。不現色像而但有聲。大王吾是汝父頻婆娑羅汝今當隨耆婆所說莫隨邪見六臣之言。時王聞已悶絕躃地身瘡增劇臭穢倍前雖以冷藥塗而治之瘡蒸毒熱但增無損爾時世尊在雙樹間見阿闍世王悶絕躃地即告大眾我今當爲是王住世至無量劫不入涅槃迦葉菩薩白佛言世尊如來當爲無量眾不入涅槃何故獨爲阿闍世王佛言善男子是大眾中無有一人謂我必定入於涅槃阿闍世王定謂我當畢竟永滅是故悶絕自投於地善男子如我所言爲阿闍世王不入涅槃如是密義汝未能解何以

故我言爲者一切凡夫阿闍世者普及一切造五逆者又復爲者即是一切有爲眾生我終不爲無爲眾生而住於世何以故夫無爲者非眾生也阿闍世者即是具足煩惱等者又復爲者即是不見佛性眾生若見佛性我終不爲久住於世何以故見佛性者非眾生也阿闍世者即是一切未發阿耨多羅三藐三菩提心者又復爲者即是阿難迦葉二眾阿闍世者即是阿闍世王後宮妃后及王舍城一切婦女又復爲者名佛性言阿闍者名爲不生世者名怨以不生佛性故則煩惱怨生煩惱怨生故不見佛性以不

生煩惱故則見佛性以見佛性故則得安住大般涅槃是名不生是故名爲爲阿闍世善男子阿闍者名不生不生者名涅槃。世名世法。爲者名不污以世八法所不污故無量無邊阿僧祇劫不入涅槃是故我言爲阿闍世無量億劫不入涅槃善男子如來密語不可思議佛法衆僧亦不可思議菩薩摩訶薩亦不可思議。大涅槃經亦不可思議爾時世尊大悲導師爲阿闍世王入月愛三昧入三昧已放大光明其光清涼往照王身身瘡即愈鬱蒸除滅。王覺瘡愈身體清涼語耆婆言曾聞人說劫將欲盡三月並現當是之時一切衆生患苦悉除時既未至此光何來照觸吾身瘡苦除愈身得安樂耆婆答言此非劫盡三月並照亦非火日星宿藥草寶珠天光。王又問言此光若非三月並照寶珠明者爲是誰光大王當知是天中天所放光明是光無根非有邊際。非熱非冷非常非滅非色非無色非相非無相非青非黃非赤非白。欲度衆生故使可見有相可說有根有邊有熱有冷青黃赤白。大王是光雖爾實不可說不可覩見乃至無有青黃赤白王言耆婆彼天中天以何因緣放斯光明。大王今是瑞相似相爲及以王先言世無良醫療治身心故放斯光先治王身然後及心。王言耆婆如來世尊亦見念耶。耆婆答言譬如一人而有七子。是七子中一子遇病。父母之心非不平等然於病子心則偏多。大王如來亦爾於諸衆生非不平等然於罪者心則偏重。於放逸者佛則慈念不放逸者心則放捨。何等名爲不放逸者謂六住菩薩。大王諸佛世尊於諸衆生不觀種姓老少中年貧富時節日月星宿工巧下賤僮僕婢使。唯觀衆生有善心者。若有善心則便慈念。大王當知如是瑞相即是如來入月愛三昧所放光明。王卽問言何等名爲月愛三昧。耆婆答言譬如月光能令一切優鉢羅華開敷鮮明。月愛三昧亦復如是能令衆生善心開敷是故名爲月愛三昧。大王譬如月光能令一切行路之人心生歡喜月愛三昧亦復如是能令修習涅槃道者心生歡喜是故復名月愛三昧。大王譬如月光從初一日至十五日形色光明漸漸增長月愛三昧亦復如是令初發心諸善根本漸漸增長乃至具足大般涅槃是故復名月愛三昧。大王譬如月光從十六日至三十日形色光明漸漸減損。月愛三昧亦復如是光所照處所有煩惱能令漸減是故復名月愛三昧。大王譬如

盛熱之時一切衆生常思月光月光既照鬱熱卽除
月愛三昧亦復如是能令衆生除貪惱熱是故復名
月愛三昧。大王譬如滿月衆星中王爲甘露味一切
衆生之所愛樂。月愛三昧亦復如是諸善中王爲甘
露味一切衆生之所愛樂是故復名月愛三昧。王言
我聞如來不與惡人同止坐起語言談論猶如大海
不宿死屍如鴛鴦鳥不住圊厠釋提桓因不與鬼住
鳩翅羅鳥不棲枯樹。如來亦爾。我當云何而得往見
設其見者我身將不陷入地耶我觀如來寧近醉象
師子虎狼猛火絕𦦨。終不近於重惡之人。是故我今
思忖是已當有何心往見如來。耆婆答言大王譬如
渴人速赴清泉飢夫求食怖者求救病求良醫熱求
蔭涼寒者求火。王今求佛亦應如是。大王如來尚爲
一闡提等演說法要何況大王非一闡提而當不蒙
慈悲救濟。王言耆婆我昔曾聞一闡提者不信不聞
不能觀察不得義理何故如來而爲說法耆婆答言
大王譬如有人身遇重病是人夜夢升一柱殿服酥
油脂及以塗身臥灰食灰攀上枯樹或與獼猴遊行
坐臥沈水沒泥墮墜樓殿高山林木象馬牛羊身著
青黃赤黑色衣喜笑歌舞或見烏鷲狐貍之屬齒髮

墮落裸形枕狗臥糞穢中。復與亡者行住坐起攜手食噉。毒蛇滿路而從中過。或復夢與被髮女人共相抱持多羅樹葉以爲衣服。乘壞驢車正南而遊。是人夢已心生愁惱。以愁惱故身病逾增。以病增故諸家親屬遣使命醫。所可遣使形體缺短根不具足頭蒙塵土著弊壞衣載故壞車。語彼醫言速疾上車。爾時良醫卽自思惟今見是使相貌不吉當知病者難可療治。復作是念使雖不吉復當占日爲可治不若四日六日八日十二日十四日如是日者病亦難治。復作是念日雖不吉復當占星爲可治不若是火星奎星昴星閻羅王星濕星滿星如是星時病亦難治。復作是念星雖不吉復當觀時若是秋時冬時及日入時夜半時月入時當知是病亦難可治。復作是念如是衆相雖復不吉或定不定當觀病人若有福德皆可療治若無福德雖吉何益。思惟是已尋與使俱在路復念若彼病者有長壽相則可療治短壽相者則不可治。卽於前路見二小兒相牽鬬諍捉頭拔髮瓦石刀杖共相撩打。見人持火自然殄滅。或見有人斫伐樹木。或復見人手曳皮革隨路而行。或見道路有遺落物。或見有人執持空器。或見沙門獨行無侶復見虎狼烏鷲野狐見是事已復作是念所遣使人乃至道路所見諸相悉皆不祥當知病者定難療治復作是念我若不往則非良醫如其往者不可療治復更念言如是衆相雖復不祥且當捨置往至病所思惟是已復於前路聞如是聲所謂亡失死喪崩破壞折剝脫墮墜負燒不來不可療治不能拔濟復聞南方有飛鳥聲所謂烏鷲舍利鳥聲若狗若鼠野狐兎豬。聞是聲已復作是念當知病者難可療治。爾時即入病人舍宅。見彼病人數寒數熱骨節頭痛目赤流淚耳聲聞外咽喉結痛舌上裂破其色正黑頭不自

勝體枯無汗大小便利壅隔不通身卒肥大紅赤異常語聲不均或麤或細舉體斑駮異色青黃其腹張滿言語不了。醫見是已問瞻病言病者昨來意志云何。答言大師其人本來敬信三寶及以諸天今者變異敬信情息。本喜惠施今者慳吝。本性少食今則過多。本性弊惡今則和善。本性慈孝恭敬父母今於父母無恭敬心。醫聞是已即前臭之優鉢羅香沈水雜香畢陵迦香多伽羅香多摩羅跋香鬱金香旃檀香炙肉臭蒲萄酒臭燒筋骨臭魚臭糞臭。知香臭已即前觸身。覺身細輭猶如繒緜劫貝娑華。或鞕如石或

冷如冰或熱如火或澀如沙。爾時良醫見如是等種
種相已定知病者必死不疑然不定言是人當死。語
瞻病者吾今遽務明當更來隨其所須悉意勿遮。即
便還家。明日使到復語使言我事未訖兼未合藥。智
者當知如是病者必死不疑。大王世尊亦爾於一闡
提輩善知根性而爲說法。何以故若不爲說一切凡
夫當言如來無大慈悲。有慈悲者名一切智若無慈
悲云何說言一切智人。是故如來爲一闡提而演說
法。大王如來世尊見諸病者常施法藥病者不服非
如來咎。大王一闡提輩分別有二。一者得現在善根

二者得後世善根。如來善知一闡提輩能於現在得
善根者則爲說法後世得者亦爲說法。今雖無益作
後世因。是故如來爲一闡提演說法要。一闡提者復
有二種。一者利根二者中根。利根之人於現在世能
得善根。中根之人後世則得。諸佛世尊不空說法。大
王譬如淨人墮墜圊廁有善知識見而愍之尋前捉
髮而拔出之。諸佛如來亦復如是見諸衆生墮三惡
道方便救濟令得出離。是故如來爲一闡提而演說
法。王語耆婆若使如來審如是者明當選擇良日吉
辰然後乃往。耆婆白王大王如來法中無有選擇良

見佛聞法

曰吉辰。大王如重病人猶不看日時節吉凶唯求良藥主今病重求佛良醫不應選擇良時好日。大王如旃檀火及伊蘭火二俱燒相無有異也。吉日凶日亦復如是。若到佛所俱得滅罪唯願大王今日速往。

爾時大王卽命一臣名曰吉祥而告之言大臣當知吾今欲往佛世尊所速辦供養所須之具臣言大王善哉善哉所須供具一切悉有阿闍世王與其夫人嚴駕車乘一萬二千姝壯大象其數五萬一一象上各載三人齎持旛蓋華香伎樂種種供具無不備足導從馬騎有十八萬摩伽陀國所有人民尋從王者

其數足滿五十八萬。爾時拘尸羅城所有大衆滿十二由延。悉皆遙見阿闍世王與其眷屬尋路而來。爾時佛告諸大衆言。一切衆生爲阿耨多羅三藐三菩提近因緣者莫先善友。何以故阿闍世王若不隨順耆婆語者來月七日必定命終墮阿鼻獄是近因緣莫若善友。阿闍世王復於前路聞舍婆提毗琉璃王乘船入海遇火而死。瞿迦離比丘生身入地至阿鼻獄須那刹多作種種惡到於佛所衆罪得滅聞是語已語耆婆言吾今雖聞如是二言猶未審定汝來耆婆吾與汝同載一象設我當入阿鼻地獄冀汝捉持不令我墮。何以故。吾昔曾聞得道之人不入地獄。爾時佛告諸大衆言。阿闍世王猶有疑心。我今當爲作決定心。爾時會中有一菩薩名持一切。白佛言世尊如佛先說一切諸法皆無定相。所謂色無定相乃至涅槃亦無定相。如來今者云何而言爲阿闍世作決定心。佛言善哉善哉善男子。我今定爲阿闍世王作決定心。何以故。若王疑心可破壞者。當知諸法無有定相。是故我爲阿闍世王作決定心。當知是心爲無決定。善男子若彼王心是決定者。王之逆罪云何可壞。以無定相其罪可壞。是故我爲阿闍世王作決定

心。爾時大王即到娑羅雙樹間。至於佛所。仰瞻如來三十二相八十種好。猶如微妙眞金之山。爾時世尊出八種聲告言大王。時阿闍世王左右顧視此大衆中誰是大王。我既罪戾又無福德。如來不應稱爲大王。爾時如來即復喚言阿闍世大王。時王聞已。心大歡喜。即作是言。如來今日顧命語言。眞知如來於諸衆生大悲憐愍等無差別。白佛言世尊。我今疑心永無遺餘。定知如來眞是衆生無上大師。爾時迦葉菩薩語持一切菩薩言。如來已爲阿闍世王作決定心。爾時阿闍世王即白佛言。世尊假使我今得與梵王

釋提桓因坐起飲食猶不歡悅得遇如來一言顧命深以欣慶。爾時阿闍世王即以所持旛蓋華香伎樂供養前禮佛足右繞三帀禮敬畢已卻坐一面。

爾時佛告阿闍世王言。大王今當爲汝說正法要。汝當一心諦聽諦聽。凡夫常當繫心觀身有二十事。所謂我此身中空無無漏一 無諸善根本二 我此生死未得調順三 墮墜深阬無處不畏四 以何方便得見佛性五 云何修定得見佛性六 生死常苦無常我淨七 八難之難難得遠離八 恆爲怨家之所追逐九 無有一法能遮諸有十 於三惡趣未得解脫十一 具足種種諸惡邪見十二 亦未造立度五逆津十三 生死無際未得其邊十四 不作諸業不得果報十五 無有我作他人受果十六 不作樂因終無樂果十七 若有造業果終不失十八 因無明生亦因而死十九 去來現在常行放逸。二十 大王凡夫之人當於此身常作如是二十種觀。作是觀已不樂生死。不樂生死則得止觀。爾時次第觀心生相住相滅相。次第觀心生住滅相定慧進戒亦復如是觀生住滅已知心相乃至戒相終不作惡。無有死畏三惡道畏。若不細心觀察如是二十事者心則放逸無惡不造。阿闍世言。如我解佛所說義者我從昔來初未曾觀是二十事故造衆惡造衆惡故則有死畏三惡道畏世尊自我招殃造茲重惡父王無辜橫加逆害是二十事設觀不觀必定當墮阿鼻地獄佛告大王一切諸法性相無常無有決定王云何言必定當墮阿鼻地獄阿闍世王白佛言世尊若一切法無定相者我之殺罪亦應不定若殺定者一切諸法則非不定佛言大王善哉善哉諸佛世尊說一切法悉無定相王復能知殺亦無定是故當知殺無定相大王如汝所言父王無辜橫加逆害者何者是父但於假名衆生五陰妄生父想於十二入十八界中何者是父若色是父四陰應非若四是父色亦應非若色非色合爲父者無有是處何以故色與非色性無合故大王凡夫衆生於是色陰妄生父想如是色陰亦不可害何以故色有十種是十種中唯色一種可見可持可稱可量可牽可縛雖可見縛其性不住以不住故不可得見不可捉持不可稱量不可牽縛色相如是云何可殺若色是父可殺可害獲罪報者餘九應非若九非者則應無罪大王色有三種過去未來現在過去現在則不可害何以故過去過去故現在念念滅故遮未來故名之爲殺如是一色或有可殺

或不可殺。有殺不殺。色則不定。若色不定。殺亦不定。殺不定故。報亦不定。云何說言定入地獄。大王。一切眾生所作罪業凡有二種。一者輕。二者重。若心口作則名爲輕。身口心作則名爲重。大王。心念口說身不作者。所得報輕。大王。昔日口不敕殺。但言削足。大王若敕侍臣立斬王首。坐時乃斬。猶不得罪。況王不敕云何得罪。王若得罪。諸佛世尊亦應得罪。何以故。汝父先王頻婆娑羅常於諸佛種諸善根。是故今日得居王位。諸佛若不受其供養則不爲王。若不爲王。汝則不得爲國生害。若汝殺父當有罪者。我等諸佛亦

應有罪。若佛世尊無得罪者。汝獨云何而得罪耶。大王。頻婆娑羅往有惡心。於毘富羅山遊行獵鹿。周徧曠野。悉無所得。唯見一僊五通具足。見已即生瞋恚惡心。我今遊獵所以不得。正坐此人驅逐令去。即敕左右而令殺之。其人臨終生瞋惡心。退失神通。而作誓言。我實無辜。汝以心口橫加戮害。我於來世亦當如是還以心口而害於汝。時王聞已即生悔心。供養死屍。先王如是尚得輕受。不墮地獄。況王不爾。而當地獄受果報耶。先王自作還自受之。云何令王而得殺罪。如王所言。父王無辜者。大王。云何言無。夫有罪

者則有罪報無惡業者則無惡報汝父先王若無辜罪云何有報頻婆娑羅於現世中亦得善果及以惡果是故先王亦復不定以不定故殺亦不定殺不定故云何而言定入地獄。大王眾生狂惑凡有四種。一者貪狂二者藥狂三者咒狂四者本業緣狂。大王我弟子中有是四狂雖多作惡我終不記是人犯戒是人所作不至三惡若還得心亦不言犯王本貪國逆害父王貪狂心作云何得罪。大王如人耽醉逆害其母既醒悟已心生悔恨當知是業亦不得報王今貪醉非本心作若非本心云何得罪。大王譬如幻師四

衢道頭幻作種種男女象馬瓔珞衣服愚癡之人謂為真實有智之人知非真有殺亦如是凡夫謂實諸佛世尊知其非真。大王譬如山澗響聲愚癡之人謂之實聲有智之人知其非真殺亦如是凡夫謂實諸佛世尊知其非真。大王如人有怨詐來親附愚癡之人謂為實親智者了達乃知虛詐殺亦如是凡夫謂實諸佛世尊知其非真。大王如人執鏡自見面像愚癡之人謂為真面智者了達知其非真殺亦如是凡夫謂實諸佛世尊知其非真。大王如熱時焰愚癡之人謂之是水智者了達知其非水殺亦如是凡夫謂

實諸佛世尊知其非眞大王如乾闥婆城愚癡之人謂爲眞實智者了達知其非眞殺亦如是凡夫謂實諸佛世尊知其非眞大王如人夢中受五欲樂愚癡之人謂之爲實智者了達知其非眞殺亦如是凡夫謂實諸佛世尊知其非眞大王殺法殺業殺者殺果及以解脫我皆了之則無有罪王雖知殺云何有罪大王譬如有人主知典酒如其不飲則亦不醉雖復知火亦不燒然王亦如是雖復知殺云何有罪大王有諸衆生於日出時作種種罪於月出時復行劫盜日月不出則不作罪雖因日月令其作罪然此日月

實不得罪殺亦如是雖復因王王實無罪大王如王宮中常敕屠羊心初無懼云何於父獨生懼心雖復人畜尊卑差別寶命畏死二俱無異何故於羊心輕無懼於父先王生重憂苦大王世間之人是愛僮僕不得自在爲愛所使而行殺害設有果報乃是愛罪王不自在當有何咎大王譬如涅槃非有非無而亦是有殺亦如是雖非有非無而亦是有慚愧之人則爲非有無慚愧者則爲非無受果報者名之爲有空見之人則爲非有有見之人則爲非無有見者亦名爲有何以故有見者得果報故無見者則無

原引輩傳

果報常見之人則爲非有無常見者則爲非無常常見者不得爲無何以故常常見者有惡業果故是故常常見者不得爲無以是義故雖非有非無而亦是有。大王夫衆生者名出入息斷出入息故名爲殺諸佛隨俗亦說爲殺。大王色是無常色之因緣亦是無常從無常因生色云何常乃至識是無常識之因緣亦是無常從無常因生識云何常以無常故苦以苦故空以空故無我若是無常苦空無我爲何所殺殺無常者得常涅槃殺苦得樂殺空得實殺於無我而得眞我。大王若殺無常苦空無我者則與我同我亦殺於無常苦空無我不入地獄汝云何入。

爾時阿闍世王如佛所說觀色乃至觀識作是觀已即白佛言世尊我今始知色是無常乃至識是無常我本若能如是知者則不作罪。世尊我昔曾聞諸佛世尊常爲衆生而作父母雖聞是語猶未審定今則定知世尊我亦曾聞須彌山王四寶所成所謂金銀琉璃頗梨若有衆鳥隨所集處則同其色雖聞是言亦不審定我今來至佛須彌山則與同色同色者則知諸法無常苦空無我世尊我見世間從伊蘭子生伊蘭樹不見伊蘭生栴檀樹我今始見從伊蘭子生旃檀樹伊蘭子者我身是也旃檀樹者卽是我心無根信也無根者我初不知恭敬如來不信法僧是名無根世尊我若不遇如來世尊當於無量阿僧祇劫在大地獄受無量苦我今見佛以是見佛所得功德破壞衆生所有一切煩惱惡心佛言大王善哉善哉我今知汝必能破壞衆生惡心世尊若我審能破壞衆生諸惡心者使我常在阿鼻地獄無量劫中爲諸衆生受大苦惱不以爲苦爾時摩伽陀國無量人民悉發阿耨多羅三藐三菩提心以如是等無量人民發大心故阿闍世王所有重罪卽得微薄王及夫人

後宮婇女悉皆同發阿耨多羅三藐三菩提心爾時阿闍世王語耆婆言耆婆我今未死已得天身捨於短命而得長命捨無常身而得常身令諸衆生發阿耨多羅三藐三菩提心卽是天身長命常身卽是一切諸佛弟子說是語已卽以種種寶幢旛蓋香華瓔珞微妙技樂而供養佛復以偈頌而讚歎言

實語甚微妙　善巧於句義　甚深秘密藏
爲衆故顯示　所有廣博言　爲衆故略說
具足如是語　善能療衆生　若有諸衆生
得聞是語者　若信及不信　定知是佛語

諸佛常軟語　爲衆故說麤　麤語及軟語
皆歸第一義。是故我今者　歸依於如來。
如來語一味　猶如大海水　是名第一諦
故無無義語。如來今所說　種種無量法。
男女大小聞　同獲第一義。無因亦無果
無生及無滅　是名大涅槃　聞者破諸結
如來爲一切　常作慈父母　當知諸衆生
皆是如來子。世尊大慈悲　爲衆故苦行
如人著鬼魅　狂亂多所作。我今得見佛
所得三業善　願以此功德　回向無上道。
我今所供養　佛法及衆僧　願以此功德
三寶常在世。我今所當得　種種諸功德
願以此破壞　衆生四種魔。我遇惡知識
造作三世罪　今於佛前悔　願後更莫造
願諸衆生等　悉發菩提心　繫心常思念
十方一切佛。復願諸衆生　永破諸煩惱
了了見佛性　猶如妙德等。

爾時世尊讚阿闍世王善哉善哉若有人能發菩提心當知是人則爲莊嚴諸佛大衆。大王汝昔已於毗婆尸佛初發阿耨多羅三藐三菩提心從是以來至我出世於其中間未曾墮於地獄受苦大王當知菩提之心乃有如是無量果報大王從今以往常當勤修菩提之心何以故從是因緣當得消滅無量惡故。
爾時阿闍世王及摩伽陀舉國人民從座而起繞佛三帀辭退還宮。

經論斷章讀